■はじめに

＊そもそも、なぜ人は悩みはじめるのか

　いきなり大げさな表題を掲げましたが、皆さんに、少しふりかえってみてほしいのです。
　Aさんは、昨日、友人たちと和気あいあいとおしゃべりをしたあと、さよならを言って別れました。ですが、帰り道、ひとりになったとたんに、先ほどまでおしゃべりに熱中していた時の、少しハイになった気分が急に醒(さ)めてしまい、それどころか、何となく不快なのです。
　「後味が悪い」というか、妙に「疲労感」のようなものだけが残るというのか、どうも、友達と会っていた時のことに思いを巡らすと、何かむしろすっきりしない感じのほうがどんどん強くなってしまいます。
　いろんな思いが脳裏を巡り始めます。
　「なるほど、和気あいあいとした楽しいひとときだった……一応は。でも、私は妙にはしゃぎすぎていた気もする。
　栢手から見ても私のはしゃぎようは不自然に思われなかったろうか。何か、本当に満ち足りたはしゃぎ方ではなかった。退屈なのを無理矢理盛り立てておもしろくしようとして、何かにせき立てられるようにして言葉を繰り出していた気がする。
　どこか、あの人たちと一緒にいて『間合いが持たなく』なるのを怖(こわ)がっているみたい。受け入れてもらえているという実感がいまひとつない。
　……いつも私はこうだ。そうやってはしゃいでいない

と、何か相手の人たちが私から離れていく気すらする。かといって、人の輪の中で黙っていると、自分だけが取り残されて他の人はみんな仲良くなっていくように見える」

　電車に乗って、彼女はさらに考えます。
「どうして私はいつもこうなんだろう。結局自分に自信がない。他人に多くを求めすぎているのかもしれない。でも……」

　これではいつもの自己嫌悪を繰り返すばかりだと感じて、手持ちの雑誌を読み始めるのですが、活字が頭に入りません。読むことに没頭できないのです。

　家に帰って、夕食時にテレビを見ている間は少しは気が晴れました。昼間の友達と会っていた時のことも一度は脳裏を去ってしまいました。

　でも、テレビを切ったとたんに、妙な空しさと落ち込みと焦(あせ)りのようなものに襲われたのです。

　少しお酒を飲み、音楽を聴きながら雑誌の続きを読みます。気分が少しハイになって、くつろいで雑誌を読んでいたのですが、しばらくして、明日までに、昼間友人に約束した資料を探し出す必要があることを思い出しました。

　すると、再び、昼間のことが頭を巡りはじめました。
「私は本当はやりたくもないのに、そして、相手が言い出してもいないのに、自分から、資料を貸してあげるなどと言い出した」

　……こうして彼女の自己嫌悪はまた始まります。
　一晩寝れば、そうしたことも一度は忘れるかもしれま

せん。
　しかし、その後も、似たような対人関係の場にたつと、またもや同じような後味の悪さと自己嫌悪が生じてくるという悪循環を決して抜け出せないのでした。

＊「『気』になる」「『気』にする」ということ
　人は、悩みや自分の中の問題点を、「頭で」考察した結果、生み出すのではありません。
　何かの体験をした時、あるいはした後に、自分をすこやかな気分でいられなくする、言葉にならない違和感や不全感や不安や焦りのようなものが、自分の中にいつの間にか生じてきてしまっており、その漠(ばく)としたモヤモヤを容易に払い除けられない時にはじめて、まるでかゆいところを搔(か)かずにいられなくなるかのようにして「この原因は何か」などと悩みはじめるのです。
　日本語の「気になる」とか「気にする」というのは、おもしろい言葉だと私は思います。
　厳密に言うと、「気になる」と言う時、そこでそのことを問題視している主体は、実は、その人の中の、理性的にものを考える「私」ではなくて、その人の中の「気」、すなわち、どこかから勝手に訴えかけてくる「何か説明のつかない」、モヤモヤと曖昧で漠然とした違和感や不全感や不安や焦りなのです。
　ちょうど、自分の中にいる、あるいは自分のすぐそばにいる「もうひとりの自分」が、こちらの都合などお構いなく、まるで赤ん坊が突然泣き叫ぶように、あるいはいくら振り払ってもじゃれついてくるペットのように、

何かをせがむようにして、強情に何かを訴えてくるために、自分の方は集中したりくつろいだりできなくなるような状態です。

そういうモヤモヤは、多少の「気晴らし」をしようとしても、容易に払い除けられないことが少なくありません。いっときは払い除けられても、何かのきっかけで、またもや、以前と同じようなトーンと感触の気分が突然襲ってきて、「また、『こんなふうな』感じ」でしかいられなくなるのです。

例えば、胃のあたりはまだ何かキュッと絞まったままだったり、胸のあたりには何か「つかえ」のようなものが残っていたり、何かうっそうとした茂みの中でじとっとしているイメージを伴う場合もあるでしょう。

多くの人は、このような、漠然とした身体感覚や気分からの理屈抜きの強い訴えかけを、何とか押さえつけたり、ごまかしたり、「気をそらし」たり「気にしない」ように努めながら、「アタマで割り切った」行動をとろうとしています。

しかし、そのようにして中途半端にしか相手にしてもらえなかった身体や気分からの訴えは、一見、心の背景に退きながらも、その人の中に沈澱し、その人の意識的に決断した行動の足を引っ張ったり、その人に理屈では割り切れない、自分でもとまどう行動をとらせたり、訳の分からない抑鬱や焦りや不安や空虚感の形をとってその人を振り回したり、時には実際の身体の症状の形を取って苦しめたりするのです。

これからここでみなさんにご紹介するフォーカシング

とは、このような、私たちの中に生じてくる、身体や気分からの漠然とした曖昧な訴えを、通常よりも遙かに丁寧に受け止めることで、私たちの悩みやストレスに、真の解決を与えていくための技法なのです。

　フォーカシングは、来談者中心療法（パーソン・センタード・アプローチ）で有名な、カール・ロジャーズの直弟子、ユージン・ジェンドリンが開発した技法です。

目 次

はじめに　*1*

■**序　章**
身体の内側からの感じを
「分化」させて味わう実習 …………………… *7*

■**第1章**
Clearing a Space …… 気がかりの「棚卸し」……… *13*

■**第2章**
自分の中の「それ」との関係づくり ……………… *23*

■**第3章**
感じと友好的に
「一緒に－いられる」関係づくり ……………… *31*

■**第4章**
自分自身の声を聴く …………………………………… *37*

■**第5章**
内なる感じに問いかける（*asking*） ……………… *47*

■**第6章**
ここまでで生じたことを受けとめる ……………… *53*

■**第7章**
夢とフォーカシング ………………………………… *55*

あとがき　*61*

■序　章

身体の内側からの感じを「分化」させて味わう実習

以下の内容は、私が初めてフォーカシングを学ぶ方にのみ実施しているものです。

　1. まずは深呼吸して、無理のない、ゆったりとした姿勢で座れる体勢を見つけてください。……足の裏が床に接している感じはどうでしょう？……膝の関節がどこにどのようにあるのか、内側から感じられますか？　少し動かしてみてもいいです。……椅子の背もたれに、どこがどのように接しているかを内側から感じてみるといかがでしょうか？

　2. あなたの胸のあたりに内側から注意を向けてみてください。……どうですか？　何か空洞がある感じでしょうか？　息をする空気で広がったり縮んだりするのがわかりますか？　柔らかいですか？　温かいでしょうか？……特に何も感じないというのでしたらそれでもOKです。

　3. 次に、背中の感じに内側から注意を向けましょう。背もたれから離れたり、また寄りかかったりしてもいいでしょう。……どうですか？　胸の感じを感じた時には感じられなかった、色分けされた地図のように「分化した」層があるのに気がつかれる方も少なくないのではないでしょうか。胸より背中のほうが硬いとか、緊張しているとか、何か甲羅を背負っているかのように感じるヒトも少なくないかもしれません。そして、背中の感じを

感じられたら、胸の方の感じをうまく感じられるようになるかもしれません。

 4．今度はお腹の感じに内側から注意を向けてみましょう。……胸の感じとは随分異なる場合が少なくないかと思います。……胸と比べて温かいですか？　柔らかですか？　胸のあたりよりどんよりとしていたり、ごちゃごちゃしていますか？……同じお腹の中でも、ある部分に濃い感じがあるという人もあるかもしれません。

 5．今度は腰のあたりに注意をおろしてみましょう。お腹の感じとつながりがありますか？　背中の感じとの関わりはどうでしょうか？

 6．今度は膝のほうに内側から注意を向けてみてください。……太もものあたりでも、表側と裏側では随分違った感じになるかもしれません。

 7．今度はすねとか足先の方に注意を向けてみてください。再び足の裏が床にどう接しているかを確認してみてください。くるぶしの関節の感じはわかりますか？

 8．今度は一気に腕の感じに飛びましょう。……結構脚の感じと似た質のものと感じる方も少なくないかと思います。腕の表側と裏側で感じが違う人もいます。手のひらの感じはどうでしょう？　手の甲は？　指先はどうでしょう？

9. 今度は肩から首筋の感じに向かいましょう。緊張していますか？ 腕の感じとのつながりはどうでしょう？

10. 今度は首から上の感じを味わってみてください。顔の表面と頭の芯、後頭部では随分感じが違うと気づかれるかもしれません。

11. 今度は身体を包む空気の感触を確認してみてください。（季節にもよりますが）温かいですか、涼しいですか？ フンワリしていますか？ じとっとしていますか？ ……身体の感じとの輪郭はくっきりしているでしょうか？ 溶け込んでいるでしょうか？

12. 最後に、今度はあなた（皆さん）なりに身体の内側を自由に行ったり来たりして、味わってみてください。……先ほど部分部分を感じた時とはすでにかなり違った分布になっているかもしれませんね。融合したり消えた感じもあるかもしれません。

……以上、ひとめぐりしましたが、気になる感じ、どうしてもキツく訴えてくる箇所、そこにとどまっていると心地よい感じなどがあることに気づかれるかもしれません。

身体の限定された場所の感じにそれぞれ気づいていく

と、それだけで、特定の感じは自分の置かれた生活や状況と何処かで響きあっていると思われた人も少なくないでしょう。そういう感じに対しては、「この後、フォーカシングの本番でまた相手にしてあげるから」と約束してあげましょう。

　身体の感じ自体が比喩的なイメージの形を取ることも少なくないかもしれません。

＊　　　＊　　　＊

　……私はこうしたことを、特にフォーカシングの初心者が多いワークショップや個別指導の初回にのみ導入しています。個別指導の際には一つ一つ応答形式で進めます（この場合はこちらからの、身体の感じの「例示」は控えめにします）。集団の場合では、終わってからフロアからの感想を募ります。

　これをしておくと、フォーカシング本番での身体の反応が、曖昧で微妙なものまで、しかも**分化**した形で感じられるようになります。

　身体感覚と言っても、これは**身体症状に浸る**こととは随分次元が違うものす。ただ、このやり方を取る限り、身体の中の結構いい感じの部分、ニュートラルな感じの部分を分化してとらえられやすいので、嫌な感じにのみに浸りきることの予防にはなります。

ただ、これをやってもらうと、「変性意識状態」におちいることがあることに注意すべきです。そうした場合には、具体的に話してもらったり、身体をちょっと動かしみたり、目を閉じているのでしたら開けてみるなどをなさった方がいいかと思います。

■第1章

Clearing a Space……
　　　　気がかりの「棚卸し」

フォーカシングの第1のステップは、"clearing a space"（空間づくり）と呼ばれています。
　これは、今の自分が健(すこ)やかな、申し分のない気分でいることを妨げている、「気になる事柄」や「漠然(ばくぜん)とした身体的不全感」や「気分そのもの」「不快なイメージそのもの」を取りあえずひとつずつ確認していき、心の脇に積み上げていくプロセスのことです。
　そのことによって内面を整理し、一息つけるだけの心の余裕を取り戻すためのものとも言えるでしょう。

　＊取りあえず一息つくために気がかりを脇に積み上げる
　あなたが引っ越しや大掃除で、部屋中の荷物の整理をしている光景を思い浮かべてください。おそらく、その作業が佳境(かきょう)に入ると、あなたの部屋は、床や畳がまるで見えなくなるくらいにあちこちにものが散乱する、まさに「足の踏み場もない」凄惨(せいさん)な状況を呈するかもしれません。
　作業がなかなかはかどらないことにため息をつきながら、あなたは一休みして食事をとろうとします。
　ところが、そもそも座り込む場所すらどこにもないという場合もあるでしょう。あなたは、取りあえず、身体の回りにある足元のあたりの荷物を別の場所に積み上げて、手足を伸ばせるくらいの空間を畳の上に生み出そうとするかもしれません。
　そのためだけでも、あなたは、一度畳の上に積み上げ

第1章　Clearing a Space……気がかりの「棚卸し」

た、何十冊もの本を改めて移動させる必要があるかもしれません。それだけでも一仕事です。

　でも、疲れたあなたは、ほんのしばらく横になりたいという欲求に突き動かされて、取りあえず荷物の一部を脇に積み上げなおすでしょう。

　やっと、ともかく足を伸ばしてごろんと横になれるだけの身の丈の空間ができました。

　あなたは当然それだけで部屋の整理が終わったのではないことにも気がついています。取りあえず、脇に積み上げた本の山が、最終的な置き場所ではなく、再び移動させねばならないことも知っています。

　でも、1〜2時間ぶりに手足を伸ばして横になれたことにあなたは少しほっとします。

　ちょうどこれと似たようなことを、心の中の「取りあえずの」整理としてまずやってしまうのが、フォーカシングの第1の動き、clearing a space です。

＊ Clearing a space の進め方

　clearing a space のおおよその段取りは次の通りです。

1．まずは、楽に座れるような場所で、無理のない姿勢をとってみてください。目は開けていても閉じていてもかまいません。

2．自分の内側の身体の感じ、漠然とした気分のようなものに向かって、

「**今、自分は十分に申し分のない、健やかな、OK な気分でいられるだろうか**」

と問いかけてみてください。

この時、あくまでも今の実感を大事にしてください。

3．おそらく、たいていの場合、完全に申し分のない、すっきりした気分であることはまずないと思います。さほどたたないうちに、身体のほうから、まるで抵抗したり抗弁したりするかのようにして、何らかの不全感・違和感のようなものが返ってくるでしょう。まるで、「いや、とても申し分がないとまでは言えないよ」と身体が態度で示してくるかのようにして。

4．そのような気持ちや事柄や身体の感じや嫌なイメージがひとつ浮かび上がってきたら、まずは「ああ、なるほど、『これ』がある」というふうに取りあえず確認するかのような受け止め方をしてあげてみてください。

ちょうど、たまたま廊下で出くわして「おはよう」「やあ」とあいさつした同僚やクラスメートが、何か自分に相談したそうな素振りを見せたけれども、自分も余裕がない時に「わかったよ、詳しいことはあとで聞くからね。約束する」と、取りあえず別れるくらいの受け止め方を、自分の中から浮かび上がってくる気がかりや感じ、イメージそのものに取っていくのです。

フォーカシングの著名なトレーナー、アン・ワイザー・コーネルは、このようにして、自分の内側から

第1章　Clearing a Space……気がかりの「棚卸し」

生じてくるものをひとつひとつ受けとめることを、"acknowledging" と呼んでいます。訳しにくい言葉ですが、「取りあえずその存在を認めてあげる」「気づいておいてあげる」というあたりでしょうか。

　その時に最初に自分の中から浮かんできたのは、例えば、「今の自分がすこやかな気分でいられないのは、きのう友人の言葉に傷ついた時の感じが今も〈後を引いて〉いるからだ」といった具体的な気がかりかもしれません。

　あるいは、「何か胸がつかえる」といった体の不全感かもしれません。あるいは、「何が原因かわからないが、何か落ち込んでいる気分でいて、やる気がしない」などのような情動かもしれません。

　あるいは、「うす暗い湿った洞窟(どうくつ)の中にいる」といったイメージのようなものかもしれません。

　しかし、気持ちや事柄、不全感、不快なイメージの中に分け入ってしまう（「深入り」してしまう）必要はありません。

　多くの場合、私たちは、気になる事柄や感情の中に一気に「突っこんで」行って、あれこれ思い悩むことこそが「前向きな、問題に〈直面〉する悩み方」であると思いこみがちです。

　しかしここで求められているのは、そのようなことをすることではありません。

　むしろ、「このこと（この感じ、イメージ）については、詳しく見ていけばいろいろありそうだけど、『ああ、〈これ〉がある』と確認してあげておくだけにしよう」というぐらいの対応に留めるのでいいのです。

5．次に、そのようにして感知できた、「今の自分が健やかな、申し分のない感じでいることを妨げている気がかりな事柄や、不全感、不快なイメージを脇に置いておいて、「**それを『別にすると（except it,）』申し分のない気分になれるかな**」と確認していきます。

　一度に多くのものを一気に「並べ上げる」のではなく、気分や身体の中から自然と浮かび上がるものについて、**一つずつ、丁寧に受けとめていくつもりになる方がいい**です。
　この「別にすると」というのは、「先ほど浮かんできた気がかりや身体の不全感や不快なイメージのひとつひとつが解消されていないのはわかっている。でも、**取りあえずそのことを棚上げにしたら、あとはどうだろうか**」などと、自分の実感に改めて確認・点検してみる……というあたりの意味に理解していただいていいです。
　それらを、一つずつ確認していくことをやっていってください。
　こうした際に、気がかりや不全感の程度の差を気にすることなく、大きいものも、小さなものも、浮かんできたままに、「確認してあげて」は脇に置くというプロセスを丁寧に往復し続けることが大事です。
　このようにして、自分の実感に照合しながら、ひとつひとつ確認していくと、自分が普段から思っているよりも遙かに多くのことが、今の自分を健やかな気分でいることを妨げるものとして自分の中に感じられて「いた」

第1章　Clearing a Space……気がかりの「棚卸し」

ことに驚かされることがあります。

　一見些細に思われることが、今の自分を結構振り回していることに気付ける場合もあるでしょう。

　親との長年の確執といった自分の人生の大問題と、「そういえば、役所に行って面倒な手続きをしないとならなかったんだ」という次元の事柄がどんどん並べ出されてしまうのです。

　これはまさに気がかりの「棚卸し」というべきでしょう。いわば、一つ一つの気がかりや不全感を丁寧に再確認した上で、取りあえず「棚上げ」にしてしまうのです。

　6．こうして、自分の中の気がかりな事柄やすっきりしない感じ、不快なイメージを一つ一つ脇に積み出した結果、「こういうのをすべて別にすれば、あとは申し分のない感じでいられる」というところまで行き着けたら、そうやって取りあえず脇に積み出すだけで、想像以上に心と体の安堵感が取り戻せ、まさに「自分を取り戻せた」感じとなり、多少の内面の安定を確保できてしまう場合もあります。

　その結果として自分の中に生じる、ある種の余裕ある広大な空間の感覚、一息ついたかのような感覚を、しばらく大事に味わってみてください。

　もちろんあなたは先ほど積み出した問題や気分がまだ解消していないことは十分気がついています。そのひと息つける区画の外側には未解決の課題や感情が山積みかもしれません。

※身体から何の返答もない場合

　あなたはその時ほんとうにスッキリとしたいい状態なのかもしれません。「いや、結構悩みや問題があるはずだ」とあなたはお感じかもしれません。
　そうした課題について、いきなり意識的に身体の感じを見出し、フォーカシングのこの後のプロセスを進めることもできます。しかし、私はこれをあまりお勧めしません。その理由は後述します。
　そもそも、自分の中に、健やかで申し分のない、いい感じや安堵感、いいイメージそのものをしばらくの時間じっくりと味わうことも、大事な体験ではないかと思います。実は、そのような「いい感じ」や「いいイメージ」についてフォーカシングの段取りを進めていくことも意味がある体験となる場合があります。
　一方、そもそも身体の不全感に気がつきにくい人がいます。しかし、序章の「身体の内側からの感じを『分化』させて味わう実習」を体験した人にはそういうことは起こりにくいかと思います。

※すべての気がかりや感じを積み出したとしても申し分のない感じに行き着けない場合

　恐らく、あなたの中には、それが何についてなのか、どんな感情なのかも不明瞭な形での、言葉で表現しにくい漠としたすっきりしない感じそのものが残ってい

第1章　Clearing a Space……気がかりの「棚卸し」

るのでしょう。

　そのような、個々の気がかりを全部脇に積み出したつもりになっても漂い続ける感覚のことを、ジェンドリンは「背景の感じ（background feeling）」と呼びました。

　ちょうど、ゲシュタルト心理学で言う、「図（figure）」としてはっきり認識されたものの背後に漂う「地（ground）」の感覚やイメージです。

　しかし、そのような、背景に漂うはっきりしない曖昧な感覚やイメージそれ自体を、ひとつの「図」として反転して対象化することができるのです。
「気になることをすべて積み出したあとにも、うまく言葉で言えないにしても、『このような』感じがあるということそのものも、ひとつの感じとして受けとめておこう」。

　このようにして、"background feeling" そのものも「対象化」して、認めてあげる（acknowledge する）段取りを踏むと、少しだけ、その自分に残された感じからも間合いが取れて、一息つけることが少なくありません。

■第2章

自分の中の「それ」との関係づくり

1. 取りあげる気がかりや身体の感じやイメージを選ぶ

　気がかりな事柄や身体感覚や不快なイメージを一つずつ「棚卸し」してしまう clearing a space が終わったら、次に、そうやって並べ上げて脇に積み出した気がかりや不全感やイメージの中から、取りあえずこれから相手にしていくものを一つ選びます。

　この際、どういう基準で選ぶのか？
「ほら、あなたの『進路選択を前にした不安』でしょ？大学院に入るか、就職するか迷っているんだから、当然重大問題よね」
　などと、「あなた」のほうが決めつけないことです。
　自分が取り上げてみたい気がかりや不全感やイメージを意識的に選択してもフォーカシングがうまく行く場合もあります。しかし、あまりお勧めしないのは訳があります。
　それは、一見雑多なその問題以外の気がかりや不全感や不快なイメージを確認して、脇に積み上げておかないと、取り上げたい問題との距離を見失いやすくなるからです。
　基本的には、「私」ではなくて、脇に積み上げた少なからぬ「気がかり」や「身体感覚」、あるいは「不快なイメージ」の**そのもの**に問いかけ、自ら立候補してもらう方が、成果が上がりやすいと言えます。
　どういうことかといいますと、およそ次のような段取りを踏みます。

第2章　自分の中の「それ」との関係づくり

　先ほど並べ出した身体の感じや気がかりな事柄、イメージなどに、友好的にちょっと尋ねてあげてみてください。
「今、取りあえず、まずは相手をして欲しいのはどれ（誰）かな」
　目の前に、いろんな個性を持ちつつも、全体としては無口でシャイな、子供たちや動物たちが数名（数匹）並んでいるみたいなつもりになってみるのもいいでしょう。clearing a space の時にこちらの呼びかけに答えて現れ、取りあえず「やあ、そこにいるのはわかっているよ」とこちらから挨拶してあげ、「詳しいことはあとで聞くから待っててね」と約束してあげた、あの「連中」です。
　あなたの中のその「連中」は、恐らく「誰かまず先生に相手をして欲しい人！」などと呼びかけてもモジモジしているばかりで、すぐに名乗りを上げるような図々しい奴は珍しいと思います。
　なぜなら、長年、「あなた」にまともに好意的に相手をしてもらったことはなく、いつもお説教を食らったり引きずり回されたりしていたばかりだったからです（たいていの人の、自分の中の曖昧(あいまい)な身体感覚や気分や気がかりへの態度はそのようなものです）。あなたが急に優しい態度を示しても、最初は信頼してくれないかもしれません。
　こうした呼びかけに対する応答は「言葉で」返ってくるのではありません。「相手をしてほしい」気がかりや感じそのものが、他のものよりもおずおずと一歩だけ浮かび上がってきたり、より鮮明に生き生きと感じ始めら

れたりするという形で反応してきます。
「連中」の表情や態度を見ていると、それぞれから、ある「気配」のようなものが伝わってくるでしょう
　黙り込んでいるかに見えて、ほんとうはすごく相手をしてもらいたがっている表情を浮かべる奴とか、気がついてみると、じりじりと半歩ずつ前に進み出て来ている奴とか、そっぽを向きつつも時々視線を目配せしてくる奴とか。
「感じ」や「気がかり」そのものが、ある種のこちらへの「好意」のような、「うなずき」のような、あるいは「求め」のようなものが、身体を通して反応して返してくるのが、徐々に伝わってくるのではないかと思うのです。
　おそらく、「気がかりや感じそれ自身」の中からそうやって「進み出て」くる奴がはっきりと現れるまでには、数十秒から２〜３分はかかります。
　次に、「相手をしてほしい」と前に進み出てきた特定の気がかりや身体感覚、イメージを、今後の当面のフォーカシングの対象として取りあえず選択することを、「他の」気がかりや不全感が承諾してくれるかどうかを、問いかけて、確認します。
「まずはこの『説明の付かない落ち着かなさ』君を相手にしてあげるので、いいかな？」と、他の気がかりたちにも一応了解を取るのです。
「あなた」のほうが、それらの気がかりや不全感の重要度に勝手に序列をつけたりせずに、いろいろな気がかりや感じそれ自身の選択に委ねる限り、選ばれなかった他の気がかりや不全感たちが「納得してくれない」ことは

第2章 自分の中の「それ」との関係づくり

そんなにはないと思います。

　感じそれ自身に選ばせると、一見その時点の人生の中で些細に思われる気がかりの方が、少なくともその時は、なぜか妙に強く相手をしてもらいたがっていることを感知できることがあります。

「フォーカシングを始めるまでは、ずっと『仕事上の問題』をここで取り上げようと心に決めていた。でも、今は、そもそもフォーカシングの始まりを落ち着いた気持ちで進められず、胸のあたりにある感じが邪魔をする。そちらの方が、今の実感としては、なぜか妙に強く自分に訴えてくるので、まずはこいつの相手をしよう」

　……というのでかまわないのです。

　こういう具合に、丁寧に、「取りあえず誰を代表に送るか」の選抜を身体の感じそのものに委（ゆだ）ねる限り、実はそこで選ばれなかった他の気がかりや不全感や不快なイメージともどこかで結びつくような気づきの展開が、無理なく連鎖的にその後のフォーカシングのプロセスで生じることがあります。実は自分が普段から「大問題」と感じている課題の解決にも貢献する伏線にすらいつの間にかなることが少なくないものです。

　実は、その人が抱えている気がかりや、その人の不全感、不快なイメージは、独立した別個の問題なのではなく、互いにどこかで連関した、その時点での、その人が抱えている問題全体の中にある、特定の局面がおもてに現れているにすぎないことが多いのです。

　もっとも、こんな段取りを飛ばして、最初から「俺の相手をしろー！」と、周囲を気にせずにしゃしゃり出て

くる気がかりや情動、身体感覚があるかもしれませんが……。

そういう時は、実は小声で「痛切に」訴えている気がかりや身体の感じをかき消して、無視しているに過ぎないことが多いのでないでしょうか。

2. 選ばれた気がかりや身体の感じやイメージに、改めて友好的な挨拶をする（acknowledging）

上記のプロセスを経て、取りあえず相手にする気がかりや身体の感じや不快なイメージが選ばれたら、その気がかりや不全感やイメージに触れ直し、改めて「ああ、『これ』だった」と改めて再確認します。

これはあたかも、何か言いたげで、あとで詳しく話を聞くと約束していた相手に、「ああ、あなただったね。お待たせしました。これからしばらくお相手しましょう」と、改めて挨拶をするようなものです。

この際、その気がかりや身体の感じやイメージの中に入ってしまう必要も、それについてあれこれ考察や分析を始める必要もありません。このことは、すでに clearing a space の項で一度述べたのと同様の理由です。

A. 身体の感じではなくて、気がかりな「事柄」を選んでいる場合には、この時点で、その気がかりな「事柄」をめぐって**自分がどんな身体の感じでいるのかを**ここで改めて感じてみるのがいいでしょう。

第2章　自分の中の「それ」との関係づくり

　例えば、親とのいさかいの後で、何かすっきりしないものを感じたとすれば、そういうモヤモヤが生じ始めた時の光景などを思い浮かべながら、その時自分がどんな「居心地」、ムードでいたのかを、身体の実感として呼び戻そうとしてみるのです。

　自分の中にずっと後を引いていた、あるスッキリしない気分そのものの**感触・質感**を呼び戻そうとしてみるのです。

　あなたが抱えていた気がかり（問題）は、**身体のどのへんに実感として感じられるでしょうか？**

　もちろん、その発生時とあなたの気分がかなり変わっていて、そっくりそのまま同じ居心地が今自分の中に蘇らせることができるわけではないことは少なくないでしょう。でも、発生時にその時どんな感じでいたのかの余韻・痕跡・残りかすのようなものならば、その事件発生時の実感それ自体よりも微弱にせよ、触わり直せるのではないかと思います。さもなければ、そのことについて、今もあなたが「気にし続ける」わけもないのです。

　この結果、「親との関係の問題は、何か軽く胸のあたりが圧迫されるような感じがする」などと気づけるかもしれません。

　もっとも、同じ気がかりが、発生時とはすでに相当異なる質感・感触に変容している場合もあります。その時はそれを対象にするのでかまいません。

　B． 身体の感じや、何かスッキリしない不全感などを、これから関わる対象として選んでいた場合には、

「この感じは、自分が置かれた状況や生活の中の問題、存在のあり方などと、『どこかで何か』響き合い、感応して生じているという実感はあるかな？」

と身体に確認してみることが意味がある場合があります。

この際、自分の身体の感じや不全感が、自分のどの問題や状況と関係している気がするかを「具体的に」特定できる必要はありません。何についてかはわからないけれども、自分の抱えた状況と「どこかで、何か」と関係ありそう……という、漠然としたつながりの実感が確認できれば十分です。

例えば、
「この、喉の『つかえる』ような感じは、どうも自分が生活の中で漠然と感じている、うまくいかなさ加減とどこかでつながっているような……」

などといったものでいいのです。

もとより、そのような身体の感じが自分の問題や存在のあり方と響き合っている実感が特に得られず、なぜそこにそんな感じがあるのか見当がつかないというままで以下のプロセスを進めても、よほどひどい感じでない限り、当面問題ではないことが多いと思います。

C．イメージの場合にも、それが自分の置かれた状況や身体の感じと響きあっている「比喩的なもの」という自覚がある場合がいいようです。

そうでないと、単にイメージが変転し、フォーカシングとは言えなくなる場合があります。

■第3章

感じと友好的に　　　　　　　　　　　「一緒に－いられる」関係づくり

次に、
「では、その感じのそば（となり）に、しばらく『一緒に－いて』あげることはできそうかな？」
　と自分の内側に問いかけます。
　ここでいう、「一緒に－いる」ということは、その感じに浸りきってしまうということではありません。
　感じの「外側」、その感じと関わろうと思えば関われるくらいの距離にいてあげるということです。自分の側もその感じと「一緒に－いる」のに抵抗や不安を感じないくらいの、ちょうどいい距離・間合いを見いだすということなのです。
　この、感じと「一緒に－いる」ということを、まるで赤ちゃんを抱えていたり、アベックが仲むつまじくベンチで隣に腰掛けているぐらいの密接な距離感が求められているようにとらえられてしまうことがあります。
　もし、あなたが、自分の中の「その」感じと、そのような間近な関係で「一緒に－いる」ことに全く無理を感じないそれでも一向にかまいません。
　まだこの時点では、「対話」する必要はありません。カップルの理想は、お互い何も言わず共に座っていることができることだと以前雑誌で読んだことがあります。
　それどころか、20メートル以上離れて「おーい」と声をかけ合えば「友好的な」関係が持てるというのならば、それでもいいのです。
　しかし、自分の中の、解決が難しい気がかりと関わるような身体の不全感というのは、多くの場合、その感じ

と最初から無理のない友好的な関係を結ぶことが困難なものです。

「感じ」をまっすぐに見つめなければならないこともありません。視線を交わさず、「はす向かい」にいてもらうというのでもいいのです。

あなたにとって、何か苦手そうな人物と同じ部屋にいなければならない場面のことを想像してみてください。

あなたはその人物に近寄られるのも、声をかけられるのも嫌かもしれません。しかし、その人物が机の斜め向こうに座っていても、何も言葉を掛け合う必要がなく、黙って座っていればいい、視線も無理に合わせる必要はなく、相手に注意を払っていないふりをしてもいいというのでしたら、その人のことが多少は「気になる」かもしれませんが、同じ部屋にいることはできることも少なくないでしょう。

それすら耐えられないとしても、例えば、いくつもテーブルの間の通り道を挟んだ、大部屋の反対側の隅の席に相手がいて、間に、観葉植物の植え込みが並んでいて、その向こうに相手の姿がちらつくぐらいならば平気かもしれません。これも、相手と「一緒に－いられる」ことの一バージョンです。

人は、他人と関わるときに、その相手と話ができねばならないという強迫観念に陥りがちです。「間が持たない」ことを恐れ、絶えず話題を探そうとします。人は、相手との間の沈黙を、それだけで何か罪悪のように感じがちです。

しかし、もし、相手と口をきく必要がなく、ともかく

一定の距離に座っていればいい、それでも決して相手に非礼にはならないという前提に立つならば、かなり気楽になれるのではないでしょうか。

　……実は、ここまで、他人との関係の上で「何も語らず、ただ一緒に－いる」ということについて述べてきたことは、実は、自分自身の中に生じてきた「感じ」と「自分」との関わりについても言えることなのです。

　人は、自分の中に生じてきた感情を「分析」したり、「説明」したり、「理解」したり、他者に言葉で「表現」したり、「解消」したりできねばならないという焦りにとらわれがちです。

　実は、この「感じ」と適切な距離を見出し、友好的に「共に－いられる」関係を結ぶということができれば、後のことは自然とその人の中で進行するといっていいくらいです。

＊自分の中の感じと「一緒に－いられない」時には

　しかし、およそ悩みを抱え込んでいる人とは、まさに、自分の中の感じと「一緒に－いる」ことに困難を感じて、自分ではホントにどうにもならなくなっている人たちであることが多いのです。

　自分の感じと何とかうまく距離を取って「一緒に－いよう」としても、どうしても不快感が強すぎたり、苦しすぎたりするということはよくあるでしょう。そういう時に、無理してその感じと「一緒に－居続けよう」とするのはよくありません。

　対策としては３つあります。

A．自分の中の、「その」感じがまだ広がってきていない、影響圏の外側にある、ニュートラルな感じの部分を見つけ、自分の「意識の中心」の居場所をそちらの中に置いてしまう

……というのがひとつの対策です。

　自分の中の実感に巻き込まれている時、人は、まるで自分とその不快な実感との輪郭が一つに溶け合ってしまい、例えば「自分＝苦しい」になっているかのように体験しがちなものです。

　しかし、多くの場合、実は、人は自分の実感を、自分の全身すみずみで体験しているわけではありません。丁寧に自分の内側の身体感覚をあちこちサーチしていけば、その実感が広がってきていない「**余白の領域**」があることに、少なからぬ場合、気付けるものではないでしょうか。

　それはちょうど、突然降り出した大雨の中、ずぶぬれになりかかった時、通りすがりの家の軒先に、雨をしのげるスペースを見つけたようなものかもしれません。

　その中に入ってしまうと、多少は雨のしぶきがかかるかもしれませんが、全身ずぶぬれの時の絶望感や無力感よりは、少しほっとした思いをあなたは味わえるかもしれません。

　そして、その激しく降る雨の様子を、「こりゃ凄いなあ」などと、眺めて、観察していられる心の余裕す

ら取り戻せるかもしれません。

　自分の身体の中に、自分の感情からフリーな領域を一度見つけ、そちらの**感覚**の方に意識の中心を置いて味わっていると、自分全体を巻き込んでいるかに見えた実感が、**局在化**される方向へとある程度収縮し、代わって、自分を棲まわせたニュートラルな感じの領域が広がり、先ほどまでよりは、その感じと適切な距離を取りつつ「共に－いる」くらいの少し気持ちの余裕を取り戻せることがしばしばあります。

　B.「その」感じと「一緒に－いたく**ない**」という気持ちの存在をあっさりと認めてあげ、その「一緒に－いたく**ない**」感じと「一緒に－いて」あげようとする。

　これはたいへん逆説的な対応なのですが、結構効き目があります。

　C. その感じにあまりにも強く圧倒される時には、その感じをむき出しの状態から引き離し、何か自分にぴったりそうな壺などを思い描いてもらい、その中に入れてしまい、何か蓋(ふた)をして、壺をとりあえず無理なく置いて置ける場所に置いてしまう。

　これは田嶌誠一先生の「壺イメージ療法」の応用です。
　この３つの対策のことは、フォーカシングをする際には是非心のどこかに留めておいてください。

■第4章

自分自身の声を聴く

1.「感じ」自身はどんな「感じ」でいるのか

こうやって「感じ」とともかく「一緒に－いられる」関係を作った上で、次に、その「感じ」と対話を進めることで、はじめて心の安堵が得られる場合も少なくありません。

この「感じ」との対話は、ここまで述べてきた「感じと一緒に－いる」関係づくりが十分にできている場合に、はじめて有効に機能します。
ここでは、そうやって一定の距離を保ち、友好的に「一緒に－いられる」ようになった感じを前にして、次のように内側に問いかけます。
「**では、その『感じ』そのものは、どんな感じでいるんだろうか？**」
これは、「あなた」が、その感じについてどう思うかではありません。
「感じ」そのものを、まるで、自分の中に住んでいる、**自分から分離独立した命と意志を持った生命体**か何かのようにみなすのです。ちょうど、あなたの目の前に座っている人自身はどんな気持ちでいるのかについて、感情移入してみたり、問いかけてみたあと、じっくり待っているようなつもりで。

おそらく、あなたの中の感じそのものは、すぐに言葉で答えてくれはしないでしょう。
初対面の、シャイで臆病(おくびょう)で、こちらのことを警戒して

いる無口な子供を相手にするかのようなつもりになってみるのがいいかもしれません。その子供は、「どんな気持ちなのかな」「何が欲しいのかな」などと尋ねても、身を固くしてむっつりとしたままこちらを見ているかもしれませんし、それどころか、視線すら合わせてくれないかもしれないのです。

　焦らないで。無理矢理言葉を引き出そうとし過ぎないように。

　仮に「感じ」そのものが「言葉で」答えてくれなくても、その「感じ」の側から、徐々に、暗黙のうちに、ある漠然とした「ムード」「気配」のようなものは伝わってくることが少なくないものです。ちょうど、他人の表情とかから相手の気持ちを少しずつ察しようとするようなものです。

「感じ」の側が、「あなた」の受容的な態度を受け入れるかどうか、余裕をもって、じっくり待ちながら反応をうかがってみるつもりになるのです。

「感じ」そのものは、言葉では返答しないかもしれません。しばらくしてから、徐々に、何か「表情」や「態度」で返してくるかもしれません。

次に、そのようにして「感じ」そのものから「あなた」に反応を具体的に返し始めようとしているタイミングを見計らって、ちょっとだけ声をかけてあげます。

　　A. まるで「感じ」そのものから、「あなた」に向けてコクリとうなずいてくるかもしれません。
「何なの？　何か言いたいの？」

更に待っていると、身体の胸のあたりの「感じ」の方から、
「……そう、この感じは『悲しみ』のようなものだよ」
　という返事が返ってくるかもしれません。
　そうした場合には、「あなた」は、「感じ」に向かって、
「そうか、何か『悲しみ』のようなものなんだね」
　と返事を返してあげてください。
　そうして、しばらくすると、更に、「感じ」から、
「『悲しみ』というより、『寂しさ』のようなものなんだよ」
　と返事が返ってくるかもしれません。
　その場合には、
「そうか、何か『寂しさ』のようなものなんだ」
　と「感じ」に向かって更に返事を返してあげてください。
　すると、しばらく待つうちに、
「……うん、私は思っていたより寂しかったんだなあ」
　というような感慨がその人から返ってくるかもしれません。
　その人にとって、『寂しい』という言葉を、自分自身について使うのは、生まれて初めての体験かもしれないのです。

　B. あるいは、「感じ」そのものから、むくれたり、イヤイヤをしたりするかのようにして、ある種の否定的なトーンが、「あなた」に返ってくる気がすることもあるかもしれません。

第4章　自分自身の声を聴く

　そうした場合には、
　慎重に、しばらく待っていると、「感じ」の側から、
「……「お前」への『不信感』のようなものかな、……いや、それだけではない」
　という返事が返ってくるかもしれません。
　あなたは
「『不信感』ではないとすると、何なのかな？」
　とその「感じ」に向かって尋ねて、じっくりと、「感じ」の側から、何か言葉が浮かび上がってくるのを待つことにしましょう。
　しばらくすると、例えば、「感じ」の側から、
「『不信感』ではないの。『しばらく放っといてもらえるだけでも助かるよ』というか……」
　などという言葉が返ってくるかもしれません。
　そうした場合には、「感じ」の側に、
「そうか、『しばらく放っておいて欲しい』みたいなんだね……」
　と投げ返してあげてください。
　すると、しばらくの沈黙の後、突然、
「そうか、私は、いろんな場面で、しばらく『放っとって』欲しいんだ‼
　……何かというと『かまって』来られるのが嫌だよね。自分のペースってものがあるのに」
　という気づきと共に、安堵(あんど)が得られるに至れるかもしれません。

「感じ」と「あなた」との対話は、これくらいデリケー

トに、少しずつ進みます。「感じ」が何か言い出すまで待って、実際何か言い出したらその「感じ」からのメッセージをじっくりと聞き取り、ありのままに受けとめようという姿勢でいる限り、本当に少しずつ、「感じ」の側は、「あなた」に打ち解けてくることでしょう。

　自分と対話することが、こんなに繊細で、慎重にしか進められないプロセスであることにあなたは驚くかもしれません。

　そして、「感じ」から「あなた」への返答が、「あなた」の予想を超えた、意外な答えであることに面食らったり、逆に「なんだそうだったのか、もっと早く言ってくれたら良かったのに」と言いたくなったりすることすらあるかもしれません。

　あなたの中の「感じ」は、まさにあなたの中に住む「他者」なのです。

　そして、その「内なる他者」と、少しずつ心が通じ合えることは、それがどんなに予想外の展開になっても、あなた自身を安堵させ、長年の胸のつかえを少しずつほぐしてくれる経験となることでしょう。

　フォーカシングの開発者、ジェンドリンは、「クライエントのクライエント」という論文の中で、フォーカシングとは、自分自身の中にいるクライエントとしての「感じ」に対して、クライエント・センタード（ロジャーズの非指示的・来談者中心療法カウンセリング）の、受容的で共感的なセラピスト的のような「聴き手」になることだと述べています。

第4章　自分自身の声を聴く

　普段、我々自身が自分の中の「感じ」に対して取っているのは、一方的に解釈や分析や説教を押しつける「指示的 (directive)」なセラピストとしての態度をとっているのです。
「あなた」からのそのような「押しつけ」の何年（何十年）にも及ぶ繰り返しに対して、「感じ」の方は、黙り込んでしまい、自分の「本心」を「あなた」に語ることを普段は諦めてしまっています。

2.「感じ」からメッセージを引き出すための他の問いかけの例

　例えば、

A.「『その感じ』は、どのようにありたがっているのかな？」

　これは、その感じを「あなたが」どうしたいかではありません。
　おそらく、「感じ」そのものは、現状では、常に、ある窮屈な不全感のようなものを抱え込んでいます。何か、無理な、中途半端な所に押し込まれているのです。
　その感じが、もっとのびのびと、本来求めている方向性に自然に発現させたら、どのような状態を求めるだろうかを、虚心に感じてみるのです。結構、予想外のものが返ってくるかもしれません。

あるいは、

B.「『その感じ』がすっかり解消されたら、あなたはどんな気分でいられるだろうか？」

　これは A. とは逆のアプローチです。取りあえず、とことん、「その感じ」がそこにあることをいやがっている「あなた」の立場に立って、その「感じ」が雲散霧消してくれたら、どんな気分や居心地で自分がいられるか、振る舞えるかを内側で想像してもらうのです。
　現時点では、どうすれば不快な「その感じ」が生じて来ずに済むようになるのか見当がつかなくてもかまいません。いきなりあなたにとって「理想的」と思われる居心地について、想像の世界で仮に飛び込んでしまうのです。
　そして、しばらく、その「こんな感じになれたらいいのに」という理想状態と、「あなた」が「今」感じてる不全な「感じ」の間を行ったり来たりして味わってみます。このことだけでも少しだけ一息つけることはあるでしょう。
　次に、先ほどから待機させておいた、自分としては「なくなってほしい」と感じている「感じ」そのもののほうに、次のように問いかけます。
「『私』としては、『こんなふうに』すっきりした感じになりたいんだけど、どうして『こんな』感じではいさせてもらえないのかな。『そっち』に言い分があるなら、聞きたいんだけど」

第4章　自分自身の声を聴く

　このような訊き方をすると、「その感じ」の側も、しばらくするうちに、結構、その「言い分」を語ってくれて、それを聞いたら、「あなた」の側も「なるほど」と思えることがあります。
「その感じ」はしばらくすると、例えば、次のように答えるかもしれません。
「……そんなすっきりした、自由な空間が与えられたら、何をしたらいいのかわからなくなって、逆に不安になってしまいそうで。まるで着ているものを引き剥がされて、丸裸で、知らない外国の町に放り出されたような気分になりそうだよ。そんなの嫌だ。着ていてちょうどいい服ぐらい欲しいよ」
　……とか。
　ユング派分析的に「後付け」で解釈すれば、しっかりした社会的「ペルソナ」が欲しいということかもしれません。

■第5章

内なる感じに問いかける (*asking*)

ところで、ジェンドリン自身が、著作『フォーカシング』の中で、この「問いかける」の教示について詳しく説明しているのは、第９章「何もシフトしない時は」です（邦訳 138-146 頁）。

　シフトとは、身体の曖昧な感じ自体が安堵する方向へ変化することと共に洞察が生じることです。

　この部分でジェンドリンが asking の例としてあげているものは、意外とそっけないまでのリストだったりします。

「ほんとのところ、それって何？」
「この核心は何か？」
「それが最悪だとどうなる？」
「あなたにとって一番厄介だと感じている事柄をそこまで行き詰まらせているのは、実は、そのことと関係した、いくつかの一見些細な事柄かもしれません。そういうものがあるとすれば何でしょうか？」
「それについて何が起こったら私にとっていいのか？」

　　　　　　＊　　　　　＊　　　　　＊

　これらの教示を使う際に重要なのは、この問いを、助言者／聴き手（ガイドあるいはリスナーといいます）は、フォーカサー（フォーカシングをする人）がこの質問に「頭で」考えて答えを「助言者に向けて」返してもらうために提案しているのではない、ということです。

　むしろ、フォーカサーが、自分の中の「感じ」そのも

第5章　内なる感じに問いかける（asking）

のに対して、こうした問いを「自分で」投げかけてみて、しばらくそのまま佇(たたず)んで、「応答を待つ」に過ぎません。

　すると、最初は非常に「かそけき」形で、そしてしばらくするうちに思いもよらない方向へと、自分の曖昧(あいまい)な感じの方から返事が返って来て、身体感覚を安らがせ、洞察が得られる場合にもなります。

　それが2、3分以内に生じない場合には、あっさりとその自分への問いかけは諦めてしまい、他の教示を試してみるか、あるいは、その感じととりあえず再び「共に―いる」態勢に戻るくらいの、「ちょっとした試み」というセンスが肝心でしょう。

　それでもなお、フォーカサーが自分の感じと格闘して堂々巡りになっていると感じられ、ただそれをリスニングし続けるのは「何かが違う!!」というメッセージが助言者の内側から響いてくるようなら、もはや教示の提案をあれこれ工夫するとかリスニングするといった態勢にのみこだわるのが、もはやふさわしくはないのかもしれません。

「……ちょっといいですか？（などと断りを入れた上で）……さっきから、自分の内側の感じと必死に格闘しておられるあなたの様子が伝わってきます。そのご様子を拝見していて、そのことがおつらくなってきているのではないかとも感じられてきました。何か別の教示の提案をしましょうか？……さもなければ、感じのそばに『共に―いる』ところに戻りましょうか？」

　……などと、リスナー側が自分の気持ちを、アサーティブに率直に伝える方がいい場合もあるかと思います。

「あなたの話をうかがっていると私の中に次のような言葉（イメージ）が浮かんできました。それは例えばこんな感じではないでしょうか？　つまり……」

などと、リスナー側から言葉やイメージを提案してみて、それをフォーカサーに自分の感じと照合してみてもらう方略もあり得るのですが、こうした「先取り」は控えめに行うべきであると私は考えています。もっとも、フォーカサーが、「……そうではなくて○○なんだ」と修正してくれることを信頼して、刺激剤として使ってもいいのですが、頻繁に行うべきではないでしょう。

＊　　　　＊　　　　＊

さて、先ほどいくつか例示しましたが、asking の教示というのは、実はフォーカシング技法の中では、無数のバリエーションがあり、フォーカシングを学ぶ一人一人が、自分にとってのお気に入りの asking 教示のレパートリーを「道具箱」に蓄えておいていいものです。

私個人としてお勧めの asking の教示は、
「その感じの下の方（beneath）に、もう一つ別の感じの層が隠れていると仮定してみてください。そこらへんは、どんな感じでしょう？」
というものです。

英語に詳しいフォーカシング学習者にこのことを伝えると、
「単に、『下にあるのは何？』と言われても、何のことなのかピンとこなかったと思う。でも "beneath" ならピ

ンとくる‼ "beneath" って前置詞そのものに、「……に隠れて」「……の裏に」みたいな含意があって、表面の皮みたいなものの下にあるものっていうニュアンスだから」

と言ってもらえました。

その人にとって、それまで必死に関わろうとしていた曖昧な感じは、容易に名前もつかないし、その感じのそばに佇んでいることもなかなか難しい、でも、その人の人生の長い期間にわたってずっと暗々裏に感じ続けて「いた」けれども、自分の存在のありようを根本的に不自由にしていた、文字通りの "background feeling" でした。

当初の感じの "beneath" にその人が見出し、感じられた感じというのは、それまで直接その感じに触れて味わったことがない、たいへん新鮮な体験で、実にあっさりと、大きな気づきの引き金になったようです。

曖昧で漠然とした広がりを持つ感覚が、いわば、卵の白身と黄身のような二層構造を持つと仮定してもらい、その中の黄身の部分の感じを、感じ分けてもらう……ぐらいのつもりのものだと理解しています。さらに細やかに感じてみてもらうための刺激剤のバリエーションなんですね。

もうひとつ、ジェンドリンの asking の教示集にある

「このことの核心（crux）は何？」

というのも、ピンときにくく、「感じ」それ自体からではなくて、「頭で」考えたことを答えそうなものなのですが、これについては、私は、フォーカシングを学ぶ人に、時には、次のように説明してみています。例えば、

「その感じの**奥の方**に、その感じの源泉（あるいは泉の噴き出し口）のようなものがあると想像してみてはいかがでしょう？　その源泉のあたりの感じはどんなものでしょうか？」

　などという言い方で使ってみることがあります。

■第6章

ここまでで生じたことを受けとめる

最後に、ここまでのプロセスで生じてきたことを回想し、味わいなおして自分で受けとめる時間を取りましょう。
　ここまでのプロセスでまだ解決していない問題もあるかもしれません。そうした気がかりや身体の感じに対しては、
「また今度相手をしてあげるからね」
　と約束してあげましょう。

■第7章

夢とフォーカシング

夢分析というと、夢の中に出てきた題材について、まるで辞書を引くかのように「象徴解釈」するものであるというイメージが、多くの方には強いのではないかと思います。
　例えば、
「高い塔が出てきたら、ペニスの象徴」（フロイト風）
「男性の夢の中に出てくる女性は、その男性の中にある内なる女性性（アニマ）」である」（ユング風）
　……などなど。

　ジェンドリンの夢へのアプローチは、そうしたありがちな夢分析の本とは全く性質が異なります。夢を見た「本人が」自分の身体の実感に問いかけていく中から、思いもよらない洞察にたどり着くことができます。
　その展開は、夢について専門的に知識がある専門家の予想能力を超えた、たいへんにダイナミックな形となることが少なくないのです。
　そこには、著者ジェンドリンが開発した「フォーカシング」技法のエッセンスが生かされているのですが、実際に活用してみると、フォーカシングの学習歴が全くない人においても、安全度が高く、たいていの場合怖い思いも苦しい思いもせずに、むしろスリリングでユーモラスでありながらも、人生のペーソスをしみじみ味わえる、貴重な体験の場を提供できます。
　慣れてくれば、一人でも目を覚ました直後に夢フォーカシングをしてみるのが当たり前の習慣になります。夢

第7章　夢とフォーカシング

もなぜか細部までよく覚えていられることが増えるようになってきます。

　普段使いにするのは、起き上がってすぐにメモを取りましょう。更に慣れてくると、布団の中で目覚めた途端にできますよ。身体を起こすだけで、夢の大事な部分を忘れてしまうこともありますから。

　夢の全体でなくても、覚えている部分だけでかまいません。

　ジェンドリンの本には本来16の設問があるのですが、私なりに以下のように整理してみました。ひとつの質問が効果を上げないようなら、2～3分で他の質問に切り替えてください。（一応夢フォーカシングの助言者がいる状態でやってみるという設定で書いてみます）。

　1．夢をみた話し手に夢を話してもらい、助言者は途中で少しずつ内容を投げ返し、助言者の理解に間違いがないかどうか、話し手に丁寧にチェックしてもらっていく。

　2．話し手に、その自分の夢についてどう感じるか、どう理解するか、自由に話してもらう。

　3．助言者が、様々な示唆的な質問を一つずつ提案し、話し手が、気に入った質問を自由に試してみる部分。
　そして、この3．の部分の《質問》群をさらにおおまかに6つの方略に抜粋してみました。

3a）場所の方略
夢に出てきた場所と似たような場所に行ったことはありますか？
風景は異なっても「そんなふうな居心地」になった体験はありませんか？

3b）昨日のことは？
昨日生じたことと、夢は関係あるでしょうか。

3c）夢の続きは？
夢の続きを連想すればどうでしょうか。

3d）夢の中で事実と反することは？（反事実性）。
例えば、現実世界では非常にまじめな会社員の同僚が、夢の中で俳優として浮き名を流していたとすれば、何を連想しますか？

3e）あらすじの方略
夢の物語を、3段階ぐらいに要約してください。
「最初に何があって、
　その結果として何が生じて、
　私はそれに対してこういう行動を取った」
　などというふうにしてみるのです。
何か現実世界で、そのような展開を経た具体的な状況はないでしょうか？

3f) 登場人物の方略

ジェンドリンは、
「その人物があなたの中の一部分だとしたら？」
「その人物に『なってみたら』内側からどんな感じがするでしょう？」
などという方略を奨めています。子供の学芸会の登場人物のように、大げさなまでに『なってみる』のです。

夢の中の登場人物は、すべて自分の分身、自分の生きられていない可能性とも言えます。

たとえ自分にひどいことをする夢の中の人物でも、夢をみた本人にあまりにも欠けている生き様かもしれません。

例えば、してもいない借金の取り立てをしようとしてくる人物が出てきたら、自分にもう少しはカネにがめつくてもいいのかもしれません。あるいは、人に体裁よくこき使われており、もっと自分のために「投資」していいという暗示の可能性もあります。

見知らぬ人物（stranger）や、さりげなく場面に登場している「その大勢」のひとり、動植物、それどころか「無生物」になってみるのが面白いでしょう。夢の話の中で、話者が自発的に言及したアイテムなら、なんでも素材になり得ます。

例えば、
「私は、普段はまず行かないようなしゃれた店で、ワインを片手に、赤いレンガの壁のそばの席で、中学時代の片思いの人とデートしている夢を見ました。キャ

ンドルが美しくて雰囲気よかったですね。でも、その対話は結構ヘンな展開で……（以下略）」
という夢が報告されたとします。

　この場合、「中学校時代のクラスメートに『なってみる』」というのが定石ではあります。

　ウエイターになってみるのもいいかもしれませんね。

　しかし、登場人物が対話している建物の「壁になる」とか、「テーブルの上のキャンドルになる」とか、「飲んでいるワイングラスになる」になるというような、一見唐突なアイデアも可能です。

　最初は素っ頓狂に思えるでしょう。しかし、子供の学芸会には、「太陽の役」「森の役」とかよくあるではありませんか。ユーモラスに、それらの「身になって」場面を感じてみると、予想もしない展開に爆笑したり、思いもよらない深い体験ができることもあります。

　この夢は女性が見た夢ですが、仮に男の私がワイングラスになってみた時の返事。

「おい、てめえら、うまくやってるな。いい口紅つけてるじゃねえか」

　……私がもっと「下衆で」あってもいいという暗示だろうか？

■あとがき

　私はこの短い本を、フォーカシングについて何も知らない初心者にもわかる形で書こうと努めました。基本的には、助言者に頼らず、一人でフォーカシングをする場合を想定しています。

　私は、カリフォルニアに住む、フォーカシングの名教師、アン・ワイザー・コーネルさんから一番強い影響を受けています。

　ささやかな本著作を、私の恩師、故・村瀬孝雄先生に捧げたいと思います。

　　　　　＊　　　　　＊　　　　　＊

　フォーカシングについて詳しく知りたい方は、
・『フォーカシング』（ユージン・ジェンドリン著、村山正治・村瀬孝雄・都留春夫訳、福村出版）
・『フォーカシング入門マニュアル』（アン・ワイザー・コーネル著、村瀬孝雄監訳、大澤美枝子訳、金剛出版）
　を参照ください。
　途中で引用した"The Client's Client"というジェンドリンの論文は、The International Focusing Institute のデジタルアーカイブ、
・http://www.focusing.org/client_one_a.htm
　にあります。

「壺イメージ療法」については、現在では絶版ですが、
・『壺イメージ療法──その生い立ちと事例研究──』（成瀬悟策監修、田嶌誠一著、創元社）
　を参考にしてください。
　夢フォーカシングについては、
・『夢とフォーカシング──からだによる夢解釈──』（ユージン・ジェンドリン著、村山正治訳、福村出版）
　をお読みください。

〈著者紹介〉

阿世賀 浩一郎（あせが こういちろう）

1960年9月1日生まれ。
福岡県久留米市出身。個人開業心理カウンセラー。
The International Focusing Institute 認定 Focusing Professional
法政大学文学部哲学科卒業
立教大学大学院文学研究科心理学専攻博士前期課程修了
法政大学多摩学生部学生相談室非常勤カウンセラー
明治学院大学学生相談センター常勤カウンセラー
湘南フォーカシング・カウンセリングルーム（個人開業）
故郷久留米市に戻り、現在、久留米フォーカシング・カウンセリングルーム主宰
Skypeを用いての全国からの相談も受け付けている。

著書：『エヴァンゲリオンの深層心理――自己という迷宮――』（幻冬舎）
『フォーカシング事始め』（村瀬孝雄・日笠摩子・近田輝行との共著、金子書房）
『現代のエスプリ』410「治療者にとってのフォーカシング」（伊藤研一との編著、至文堂）

入門フォーカシング

2019年 8月17日初版第1刷発行
2023年 8月20日初版第3刷発行

著　者　阿世賀浩一郎
発行者　百瀬精一
発行所　鳥影社 (www.choeisha.com)
〒160-0023　東京都新宿区西新宿3-5-12トーカン新宿7F
電話　03-5948-6470, FAX 0120-586-771
〒392-0012　長野県諏訪市四賀229-1（本社・編集室）
電話　0266-53-2903, FAX 0266-58-6771
印刷・製本　フォーゲル印刷
© ASEGA Koichiro 2019 printed in Japan
ISBN978-4-86265-763-3　C3011

本書のコピー、スキャニング、デジタル化等の無断複製は著作権法上での例外を除き禁じられています。本書を代行業者等の第三者に依頼してスキャニングやデジタル化することはたとえ個人や家庭内の利用でも著作権法上認められていません。

乱丁・落丁はお取り替えします。